W9-AOK-046

HISTORIETAS JUVENILES:
BIOGRAFÍAS ™

GEORGE WASHINGTON

y la Guerra de Independencia

Dan Abnett

Traducción al español:
José María Obregón

PowerKiDS press.

& **Editorial Buenas Letras**
New York

Published in 2009 by The Rosen Publishing Group, Inc.
29 East 21st Street, New York, NY 10010

Copyright © 2009 by The Rosen Publishing Group, Inc.

First Edition

Editor: Joanne Randolph
Spanish Language Editor: Mauricio Velázquez de León
Book Design: Julio Gil
Illustrations: Q2A

Library of Congress Cataloging-in-Publication Data

Abnett, Dan.
  [George Washington and the American Revolution. Spanish]
  George Washington y la Guerra de Independencia / Dan Abnett ; traducción al español, José María Obregón. – 1st ed.
       p. cm. – (Historietas juveniles : biografías)
  Includes index.
  ISBN 978-1-4358-3322-7 (pbk.) – ISBN 978-1-4358-3323-4 (6-pack)
  ISBN 978-1-4358-8564-6 (hc.)

  1. Washington, George, 1732-1799–Juvenile literature. 2. Generals–United States–Biography–Juvenile literature. 3. United States. Continental Army–Biography–Juvenile literature. 4. United States–History–Revolution, 1775-1783–Campaigns–Juvenile literature. 5. Presidents–United States–Biography–Juvenile literature. I. Title.
  E312.25.A25 2009
  973.4'1092–dc22
  [B]
                                                          2008049342

Manufactured in the United States of America

CONTENIDO

PERSONAJES PRINCIPALES

George Washington (1732–1799) nació en Virginia el 22 de febrero de 1732. Antes de unirse an la lucha contra los franceses y los indígenas en la **guerra franco-india**, Washington trabajó como **agrimensor**. Cuando los americanos se revelaron contra los británicos, Washington comandó el ejército. Tras ganar la guerra, fue elegido el primer presidente de los Estados Unidos.

Baron Friedrich von Steuben (1730–1794) usó su conocimiento en la armada de Prusia para entrenar a los soldados americanos durante la Guerra de Independencia. Esto mejoró mucho el ejército de Washington.

Marqués de Lafayette (1757–1854) llegó a América en junio de 1777, para ayudar a los americanos en la Guerra de Independencia. Lafayette era muy cercano a Washington. Además, ayudó a que el rey de Francia apoyara a los americanos.

Henry Clinton (1730–1795) estuvo a cargo de la armada británica en los Estados Unidos de 1778 a 1781. Clinton tomó el cargo de William Howe.

Charles Cornwallis (1738–1805) fue comanante de la armada británica en el sur desde 1778, bajo el mando de Henry Clinton. Su derrota en Yorktown en 1781 significó el final de las batallas de independencia.

GEORGE WASHINGTON Y LA GUERRA DE INDEPENDENCIA

GEORGE WASHINGTON NACIÓ EL 22 DE FEBRERO DE 1732.

SU FAMILIA TENÍA UNA GRAN **PLANTACIÓN** EN EL ESTADO DE VIRGINIA.

SU PADRE MURIÓ CUANDO GEORGE TENÍA 11 AÑOS DE EDAD.

GEORGE WASHINGTON DECIDIÓ DEDICARSE A MEDIR LA TIERRA.

EN 1749, WASHINGTON SE CONVIRTIÓ EN EL AGRIMENSOR DEL CONDADO DE CULPEPER EN VIRGINIA.

DURANTE UN VIAJE AL CARIBE EN 1750, WASHINGTON SE ENFERMÓ DE **VIRUELA**.

¡AL ATAQUE!

EN 1754 COMENZÓ LA GUERRA FRANCO-INDIA. RÁPIDAMENTE, WASHINGTON SE CONVIRTIÓ EN COMANDANTE DE LA MILICIA DE VIRGINIA .

EN 1759, WASHINGTON SE CASÓ CON MARTHA DANDRIDGE CUSTIS.

MARTHA FUE A VIVIR CON WASHINGTON A SU PLANTACIÓN EN MOUNT VERNON.

LA GUERRA FRANCO-INDIA TERMINÓ EN 1763.

LA GUERRA HABÍA COSTADO MUCHO DINERO Y EL GOBIERNO BRITÁNICO DECIDIÓ QUE LOS AMERICANOS DEBÍAN PAGARLES.

LOS BRITÁNICOS NOS QUIEREN COBRAR, PERO NO PODEMOS OPINAR EN EL GOBIERNO. ¡DEBEMOS **PROTESTAR**!

EL 5 DE MARZO DE 1770, UN GRUPO DE AMERICANOS SE **AMOTINARON**. LAS TROPAS BRITÁNICAS LES DISPARARON, MATANDO A CINCO PERSONAS.

ESTO SE CONOCE COMO A LA **MASACRE** DE BOSTON.

EL 16 DE DICIEMBRE, AMERICANOS VESTIDOS DE NATIVOS AMÉRICANOS ABORDARON UN BARCO BRITÁNICO.

¡HAY QUE TIRAR EL TÉ AL OCÉANO!

ESTO SE CONOCE COMO EL MOTÍN DEL TÉ DE BOSTON.

EN 1774, WASHINGTON ATENDIÓ EL PRIMER CONGRESO CONTINENTAL.

FUE DIFÍCIL PONERSE DE ACUERDO.

DEBEMOS DECIDIR QUÉ HACER CON LOS BRITÁNICOS.

DEBEMOS SOLUCIONAR EL PROBLEMA

¡DEBEMOS PREPARARNOS PARA PELEAR!

LOS AMERICANOS SE ENTERARON QUE LOS BRITÁNICOS PLANEABAN ATACAR CONCORD, MASSACHUSETTS.

¡ARRIBA! ¡TODOS LISTOS! ¡VIENE LA ARMADA BRITÁNICA !

EL 18 DE ABRIL DE 1775, PAUL REVERE CABALGÓ HASTA CONCORD PARA ALERTAR A LOS **PATRIOTAS**.

LA ARMADA BRITÁNICA PASÓ POR LEXINGTON EN SU PASO HACIA CONCORD. AHÍ, ENFRENTARON A UNOS 70 MILICIANOS. LA GUERRA DE INDEPENDENCIA HABÍA COMENZADO.

LOS AMERICANOS SE DEFENDIERON MUY BIEN, FORZANDO A LA ARMADA BRITÁNICA A REGRESAR A BOSTON.

EN MAYO, WASHINGTON FUE NOMBRADO COMANDANTE DE LA ARMADA CONTINENTAL.

ESPERO QUE LA **VICTORIA** LLEGUE PRONTO.

MESES MÁS TARDE, EL GOBIERNO BRITÁNICO ENVIÓ SU EJÉRCITO PARA ACABAR CON LA REBELIÓN.

GEORGE WASHINGTON **SITIÓ** A LAS TROPAS BRITÁNICAS EN BOSTON. EN MARZO DE 1776, LOS BRITÁNICOS ABANDONARON LA CIUDAD.

EL 4 DE JULIO DE 1776, EL CONGRESO FIRMÓ LA **DECLARACIÓN** DE INDEPENDENCIA.

DÍAS MÁS TARDE, WASHINGTON LEYÓ A SUS TROPAS LA DECLARACIÓN EN NUEVA YORK.

DECLARO QUE ESTAS COLONIAS **UNIDAS** SON, Y TIENEN EL DERECHO DE SER, ESTADOS LIBRES E INDEPENDENTES.

AQUEL VERANO, LAS TROPAS BRITÁNICAS LLEGARON A STATEN ISLAND, NUEVA YORK.

LOS BRIÁNICOS TOMARON EL CONTROL DE LONG ISLAND, FORZANDO A LOS HOMBRES DE WASHINGTON FUERA DE NUEVA YORK.

EN LA NOCHE BUENA DE 1776, WASHINGTON CRUZÓ CON SUS TROPAS EL RÍO DELAWARE RIVER. GEORGE PLANEABA UN ATAQUE SORPRESA EN TRENTON, NUEVA JERSEY.

WASHINGTON TOMÓ EL CONTRÓL DE TRENTON. ADEMÁS TOMÓ A 900 PRISIONEROS.

SILENCIO, MUCHACHOS.

WASHINGTON DEJÓ A ALGÚNOS HOMBRES EN TRENTON PARA ENGAÑAR A LOS BRITÁNICOS.

EL RESTO DE LA ARMADA SE DIRIGIÓ A PRINCETON, NUEVA JERSEY.

PRONTO, EL GENERAL BRITÁNICO CORNWALLIS LLEGÓ A TRENTON.

SE HAN IDO, SEÑOR.

¡LUCHEMOS UNIDOS MIS VALIENTES COMPAÑEROS!

WASHINGTON FUE ATACADO EN LAS AFUERAS DE PRINCETON. WASHINGTON LE DIÓ MUCHO ÁNIMO A SUS HOMBRES DURANTE LA PELEA.

PRONTO, MÁS TROPAS AMERICANAS SE UNIERON A LA BATALLA. LOS BRITÁNICOS FUERON DERROTADOS.

EN LA PRIMAVERA, LAS FUERZAS AMERICANAS **DEFENDIERON** FILADELFIA.

Y FUERON OBLIGADOS A **RETIRARSE**.

SU SUERTE CAMBIO EL 17 DE OCTUBRE EN LA BATALLA DE SARATOGA.

LOS BRITÁNICOS SE HAN **RENDIDO**.

WASHINGTON LLEVÓ A SUS TROPAS A PASAR EL INVIERNO EN EL VALLE FORGE.

DURANTE EL LARGO Y DURO INVIERNO MUCHOS HOMBRES MURIERON O **DESERTARON** DEL EJÉRCITO.

LOS SOLDADOS QUE SE QUEDARON SE PREPARARON PARA MÁS BATALLAS.

BARON VON STEUBEN, NECESITO QUE ENTRENE A MI ARMADA.

CUANDO LLEGÓ LA PRIMAVERA, LA ARMADA HABÍA MEJORADO MUCHO.

BIENVENIDO, MARQUÉZ DE LAFAYETTE.

PARA LA PRIMAVERA, FRANCIA COMENZÓ A AYUDAR A LOS AMERICANOS.

A HENRY CLINTON, GENERÁL BRITÁNICO SE LE ORDENÓ SALIR DE FILADELFIA.

CLINTON LLEVÓ A SUS HOMBRES A NUEVA YORK.

LOS SOLDADOS AMERICANOS SIGUIERON A LOS BRITÁNICOS. EL 28 DE JUNIO DE 1778 SE ENFRENTARON EN MONMOUTH, NUEVA JERSEY.

AUNQUE NADIE GANÓ ESTA BATALLA, MONMOUTH FUE LA ÚLTIMA BATALLA DE QUE SE PELEÓ EN EL NORTE DEL PAÍS.

EN JULIO DE 1778, LA MARINA FRANCESA LLEGÓ A AMÉRICA. WASHINGTON PLANEABA USARLOS PARA ATACAR A LOS BRITÁNICOS EN RHODE ISLAND.

PERO AL LLEGAR A AMÉRICA, LOS BARCOS FUERON DAÑADOS POR UN HURACAN.

EL SIGUIENTE INVIERNO, LOS BRITÁNICOS TOMARON CONTROL DE DOS FUERTES EN EL RÍO HUDSON.

GENERAL WAYNE, QUIERO QUE ATAQUE STONY POINT PARA RECUPERAR EL HUDSON.

DURING LA BATALLA, EL GENERAL WAYNE RECIBIÓ UN DISPARO EN LA CABEZA.

EL GENERAL WAYNE SOBREVIVIÓ.

SUS HOMBRES GANARON LA BATALLA Y TOMARON A 500 PRISIONEROS.

EN 1780, LOS BRITÁNICOS RODEARON CHARLESTON, SUR CAROLINA.

LOS AMERICANOS SE RINDIERON.

LA SITUACIÓN EMPEORÓ CUANDO LOS AMERICANOS SE **AMOTINARON** A INICIOS DE 1780.

LOS SOLDADOS ESTABAN CANSADOS Y HAMBRIENTOS, ADEMÁS NO SE LES HABÍA PAGADO.

LOS BRITÁNICOS SE ENTERARON DEL MOTÍN Y DECIDIERON ATACAR.

LAS TROPAS DE WASHINGTON ACAMPABAN EN MORRISTOWN, NUEVA JERSEY.

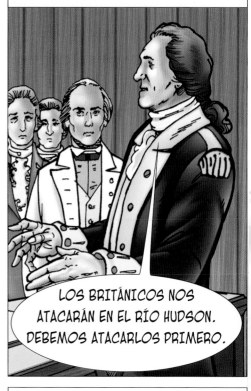

LOS BRITÁNICOS NOS ATACARÁN EN EL RÍO HUDSON. DEBEMOS ATACARLOS PRIMERO.

EN CAMBIO, EN CUANTO WASHINGTON SALIÓ DE MORRISTOWN, LOS BRITÁNICOS ENTRARON A LA CIUDAD.

UN PEQUEÑO NÚMERO DE SOLDADOS Y HABITANTES DE MORRISTOWN EXPULSARON A LOS BRITÁNICOS.

EN JULIO DE 1780, LOS FRANCESES TENÍAN BARCOS EN NEWPORT, RHODE ISLAND.

FRANCIA NO PUEDE ATACAR NUEVA YORK. LOS BRITÁNICOS LO DEFIENDEN MUY BIEN.

LAFAYETTE, NECESITAMOS QUE ATAQUES A LOS BRITÁNICOS EN NUEVA YORK.

MUY PRONTO, WASHINGTON RECIBIÓ MÁS MALAS NOTICIAS. LOS AMERICANOS HABÍAN SIDO DERROTADOS EN CAMDEN, CAROLINA DEL SUR.

WASHINGTON TENÍA PROBLEMAS PARA MANTENER A SUS SOLDADOS.

SÉ QUE ESTAN CANSADOS Y QUE NO HAN RECIBIDO SU PAGO, PERO DEBEMOS CONTINUAR LA LUCHA.

EN ENERO DE 1781, MÁS SOLDADOS AMERICANOS SE AMOTINARON.

LOS SOLDADOS MARCHARON AL CONGRESO PARA HABLAR DE SUS PROBLEMAS CON SUS LÍDERES.

EL CONGRESO LES PERMITIÓ DEJAR EL EJÉRCITO. ADEMÁS, EL CONGRESO ADEMÁS AUTORIZÓ MAS DINERO PARA ALIMENTAR Y VESTIR A SUS HOMBRES.

MIENTRAS LA GUERRA CONTINUABA EN EL SUR, WASHINGTON SE REUNIÓ CON EL GENERAL ROCHAMBEAU, COMANDANTE DEL EJÉRCITO FRANCES.

SI ACTUAMOS RÁPIDAMENTE PODREMOS DERROTAR A CORNWALLIS.

LOS HOMBRES PLANEARON ATACAR A CORNWALLIS EN YORKTOWN, VIRGINIA.

LOS BARCOS FRANCES ATACARON YORKTOWN DESDE EL AGUA.

AL MISMO TIEMPO, LAS TROPAS AMERIANAS RODEARON LA CIUDAD.

ATRAPANDO A LOS BRITÁNICOS.

EL GENERAL CORNWALLIS Y SUS TROPAS SE RINDIERON EN YORKTOWN EL 19 DE OCTUBRE DE 1781.

EN ABRIL DE 1782, AMERICANOS Y BRITÁNICOS INICIARON PLÁTICAS EN PARÍS. AUNQUE LA GUERRA CONTINUÓ POR UN AÑO, SE ACABARON LOS COMBATES PRINCIPALES

EL **TRATADO** DE PARÍS FUE FIRMADO EL 3 DE SEPTIEMBRE DE 1783. FINALMENTE, LA GUERRA HABÍA TERMINADO.

WASHINGTON PASÓ LOS SIGUIENTES CINCO AÑOS EN SU CASA EN MOUNT VERNON.

EL 30 DE ABRIL DE 1789, GEORGE WASHINGTON JURÓ COMO PRIMER PRESIDENTE DE LOS ESTADOS UNIDOS DE AMÉRICA.

GEORGE WASHINGTON FUE UN PRESIDENTE MUY POPULAR. WASHINGTON ERA UN HOMBRE JUSTO QUE TRABAJÓ MUY DURO PARA CONSTRUIR UNA NACIÓN EN PAZ.

GEORGE WASHINGTON SIRVIÓ EN DOS OCASIONES COMO PRESIDENTE. WASHINGTON MURIÓ EL 14 DE DICIEMBRE DE 1799.

FIN

CRONOLOGÍA

1732	Nace George Washington el 22 de febrero.
1748	Washington trabaja como agrimensor.
1752	Tras la muerte de su hermano, Lawrence, George Washington se convierte en dueño de Mount Vernon.
1759	Washington y Martha Dandridge Custis se casan.
1773	El motín del té de Boston sucede el 16 de Diciembre.
1775	El 19 de abril, se dan las batallas de Lexington y ßConcord .
	El 15 de junio, Washington es nombrado comandante del ejército americano.
1776	El 4 de Julio se firma la Declaración de Independencia.
	En nochebuena, Washington cruza el río Delaware y atacan Trenton, Nueva Jersey.
1781	El 19 de octubre, el general británico Cornwallis se rinde en Yorktown, Virginia.
1783	El tratado de París se firma. Termina la guerra.
1789	Washington se convierte en el primer presidente de los Estados Unidos de América.
1799	George Washington muere en Mount Vernon.

GLOSARIO

agrimensor (el) Persona que mide el terreno.

amotinar Desobedecer las órdenes de un superior.

declaración (la) Un anuncio oficial.

defender Proteger de peligro.

Guerra franco-india (la) Las batallas sucedidas entre 1754 y
    1763 entre Inglaterra, Francia y los nativos americanos por el
    control de el territorio.

masacre (la) El acto de matar a un grupo grande de gente y
    animales.

milicia (la) Un grupo de personas que han entrenado y están
    listas para pelear cuando se les necesite.

patriotas (los) Colonos americanos que querían separarse del
    control británico.

plantación (la) una granja muy grande.

protestar Manifestar desacuerdo.

rendirse Dejar de pelear, o participar.

retirarse Abandonar una posición.

sitiar Bloquear un area o ciudad para que nada, ni nadie,
    pueda entrar o salir.

tratado (el) Un acuerdo oficial, firmado o acordado, por todas
    las partes.

unidas, os Actuar como un solo grupo.

viruela (la) Una enfermeda, con frecuencia mortal, que deja
    marcas en la piel.

victoria (la) Ganar una batalla o concurso.

ÍNDICE

PÁGINAS EN INTERNET
Debido a los constantes cambios en los enlaces de Internet, Rosen Publishing Group, Inc.
mantiene una lista de sitios en la red relacionados con el tema de este libro. Esta lista se
actualiza regularmente y puede ser consultada en el siguiente enlace:
www.powerkidslinks.com/jgb/gwashing/